넌 내가 가끔 필요할지 모르지만 난 항상 니가 필요해

최다연 지음

넌 내가 가끔 필요할지 모르지만 난 항상 니가 필요해

지은이 · 최다연 | 그린이 · 김윤경 | 펴낸이 · 박은서 | 펴낸곳 · 주변인의길
편집 · 송이령, 김선숙, 석호주, 송훈의
마케팅 · 최근봉, 추미경 | 관리 · 박상기, 박종금, 조향미
주소 · (412-820) 경기도 고양시 덕양구 토당동 836-8 칠성빌딩 301호
TEL · (031) 978-8767 | FAX · (031) 978-8769

http://www.jubyunin.co.kr | myjubyunin@naver.com

· 초판 1쇄 발행일 | 2000년 4월 10일 · 개정판 1쇄 발행일 | 2008년 4월 25일

ⓒ 최다연

ISBN 978-89-91605-88-6(03810)

*책값은 표지에 있습니다. 잘못 만들어진 책은 바꾸어 드립니다.

제 속에 아직은 작지만 당신이 자리하고 있기에
그 자릴 소중히 지켜보고 싶은 마음이 있기에
당신의 연인이 되려 합니다.

가끔 날 생각해주는 여러 사람보다
항상 나만을 생각하는 단 한 사람
바로 당신이 있으면 좋겠습니다.

넌 내가 가끔 필요할지 모르지만 난 항상 니가 필요해

I always need you

최다연 지음

주변인의길

part 1

사랑이란 거, 이렇게 달콤한 줄 알았다면
좀더 빨리 해볼걸 그랬어……!

……!! ♥ 12 나의 기도 ♥ 13 To You(나의 연인이 되려는 당신에게) ♥ 14 일장춘몽 ♥ 16 나 너 사랑해도 되니? ♥ 18 고백 ♥ 19 WHITE ♥ 20 좋은 날 ♥ 21 천생연분 ♥ 22 칵테일 ♥ 23 유치의 극치 - 나 화려한(?) 싱글일 때 ♥ 24 유치의 극치 - 나 너와 완벽한 닭살 커플이 된 후 ♥ 25 I'm happy ♥ 26 맛사랑 ♥ 27 사랑이 되어버린 너 ♥ 28 네 눈동자에 담긴 하늘 ♥ 30 시 - 하나 ♥ 31 웃음의 의미 ♥ 32 첫 만남의 준비 ♥ 33

part 2

행복해 미치겠는 내게
새롭게 다가서는 사랑과 친구, 연인과 우정

당신 것!! ♥ 36 시 - 두울 ♥ 37 오늘 같은 날엔 ♥ 38 정말…… 몰랐었다 ♥ 39 소유 & 기다림 ♥ 40 너 지금 어딨니? ♥ 41 여행 ♥ 42 사랑의 방 ♥ 44 두려움 ♥ 45 겨울의 소리 ♥ 46 분실물 ♥ 47 사·랑·해 ♥ 48 커피 ♥ 49 인어 공주 ♥ 50 나 그대 위해 촛불 하나 켜두었습니다 ♥ 52 이별이란 - He ♥ 54 이별이란 - She ♥ 55 Always ♥ 56 증오 ♥ 57 참 좋을 텐데 ♥ 58 나 아직도 사랑입니까? ♥ 60 비누 인형 ♥ 61

part 3

추억의 모래성은 여전한데……
우리 같이 만들어놓고 나 혼자 무너뜨리라고 너 혼자 떠나는 거니?

겨울꽃 ♥ 64 단지…… ♥ 65 제목 없는 시 – One ♥ 66 제목 없는 시 – Two ♥ 67 제목 없는 시 – Three ♥ 68 제목 없는 시 – Four ♥ 69 기쁘다! ♥ 70 비의 사랑 ♥ 71 너의 곁에서 ♥ 72 텅 빈 가슴으로 ♥ 74 Good-Bye ♥ 75 괴테의 '괴변' ♥ 76 그때…… ♥ 77 22⅓ ♥ 78 우리 사랑하지 말 걸 그랬나 봐! ♥ 80 OB Lounge ♥ 82 YOU & I – One ♥ 83 블랙커피 ♥ 84 YOU & I – Two ♥ 85 노스탤지어 ♥ 86 비 ♥ 87 잊을 수 없다는 걸 알면서도 ♥ 88 당신이 바라던 세상을 찾아서 ♥ 90

part 4

아직 다 끝내지 못한 이야기를
내 소중한 사람들에게……

부탁 ♥ 94 편지 ♥ 96 무지갯빛 사랑 ♥ 98 임이시여! ♥ 99 어느 소녀의 사랑 이야기 ♥ 100 사랑이란? ♥ 104 이슬 ♥ 107 친구 ♥ 108 어머니 ♥ 110 그럼 이건 뭐야? ♥ 112 친구로만 남아주길 바래 ♥ 114 사랑을 하려면 ♥ 115 나 어릴 땐! ♥ 116 네 손을 잡고 싶어 ♥ 117 행복하지 않아 ♥ 118 컴퓨터 ♥ 119 편지를 쓰고 싶다 ♥ 120 내게는 ♥ 121 노팅 힐 ♥ 122 휴식 같은 친구 ♥ 123 변해가는 내 모습 ♥ 124 Call Me Now! ♥ 125 City ♥ 126 일주일(一週日) ♥ 128

part 1.

사랑이란 거,
이렇게 달콤한 줄 알았다면
좀더 빨리 해볼걸 그랬어……!

I always
need you

당신의

넌 내가
가끔 필요할지
모르지만
난 항상
니가 필요해

…‥!!

첫 만남은 〈첨밀밀〉의
장만옥과 여명처럼
우연적이어야 해!!

첫 데이트는 〈로마의 휴일〉의
오드리 헵번과 그레고리 펙처럼
청순하게……!!

몰래 만날 때는 〈로미오와 줄리엣〉의
올리비아 핫세와 레오나드 위팅처럼
스릴 넘치게……!!

서로에 대한 애정은 〈타이타닉〉의
케이트 윈슬렛과 레오나르도 디카프리오처럼
죽는 그 순간까지 영원할 수 있게……!!

〈인형의 집〉의 그릇된 사랑과
〈적과 흑〉의 수단으로 사용된 사랑을
절대로 피한 후 사랑의 농도는
〈채털리 부인의 사랑〉처럼 진하게……!!

나의 기도

언제나······
그대 곁에 머물고 싶습니다.
그대가 원하는 모습 그대로

늘······
그대가 내 곁에 있어주길 원합니다.
내 사랑을 가질 유일한 사람이니까요.

항상······
서로를 위해 살아갈 삶이길 원합니다.
그게 내 운명이라 믿고 있으니까요.

이런 제 기도가
영원하길 바랍니다.

To You (나의 연인이 되려는 당신에게)

이제는
단 한 사람만을 위한 사람이 되려 합니다.

너무나 갑작스레 찾아온 사랑이기에
조금은 두렵고
겁도 납니다.

제가 당신에게
좋은 연인이 되어줄 수 있을지
많이 망설여집니다.

지금은 제 사랑이
당신의 사랑보다 약하기에
쉽게 변색되면 어쩌나…… 하는 고민도 생깁니다.

이렇게 많은 걱정 속에서도
당신을 위한 그 한 사람이 되려고 합니다.
당신의 연인이 되려 합니다.

제 속에 아직은 작지만
당신이 자리하고 있기에
그 자릴 소중히 지켜보고 싶은 마음이 있기에

당신을 위한 사람이 되려 합니다.
당신의 연인이 되려 합니다.

이젠……
나의 연인이 되려는 당신에게
기대고 싶습니다.

일장춘몽

오늘은 너와의 즐거운 데이트!

일단은 예쁘게 꽃단장부터 하구~
음…… 만나서 뭘 하지?
먼저 가볍게 몸을 풀기 위해서 포켓볼 한판!
그러고는 달콤한 아이스크림을 너와 함께 나눠 먹는 거야!
다음은 영화를 한 편 보는 거지!
아름답고 슬픈 러브 스토리로……
영화를 보고 나서는 아주 분위기가 끝내주는 레스토랑에서
저녁을 먹는 거야!
아마 음식이 입으로 들어가는지, 코로 들어가는지도 모를걸!
식사가 끝나면 호텔 스카이라운지에 가서
칵테일을 한 잔 마시는 거야!
시내의 야경이 펼쳐진 그곳에서 마시는 칵테일은
혹시 천국의 맛이 아닐까?!
마지막으로 한강 고수부지를 흐르는 강을 따라
조용히 너와 내가 걷는 거야!
그 밤에 너와 함께 느끼는 강바람은 저절로 미소 짓게 만드는
상큼한 향기가 묻어 있을 거야!
그리구 넌 내게 조용히 다가와서
"사랑한다" 속삭이고는
내 작은 입술에 입을 맞추는 거야! 킥 · 킥 · 킥……

이렇게만 된다면 정말 완벽한 데이트가 될 거야!

따르르르릉……
"어! 난데, 오늘 약속 취소해야겠다.
급한 일이 생겼어. 미안해!"

으~앙!
이게 뭐야!
완전히 일장춘몽이잖아.

나 너 사랑해도 되니?

네가 그녀와 나 사이에서 방황하다
결국 그녀를 포기했다는 얘길 들었어.

그런데 기뻐해야 하는 건지
슬퍼해야 하는 건지 잘 모르겠어.

이제 네 옆에 내가 서게 되었다는 사실이 기쁘기는 한데,
그녀를 생각하면 슬퍼지기도 해.
어찌 보면 네 곁에는 나보다
그녀가 더 어울릴 것 같기도 하고……

나 지금 너무 혼란스러워!
나로 인해 그녀와 헤어졌다고 보는
많은 타인들의 눈도 두렵고
이제 누군가를 만난다는 것도 두려워!
널 사랑해도 되는 건지도 말이야……

고백

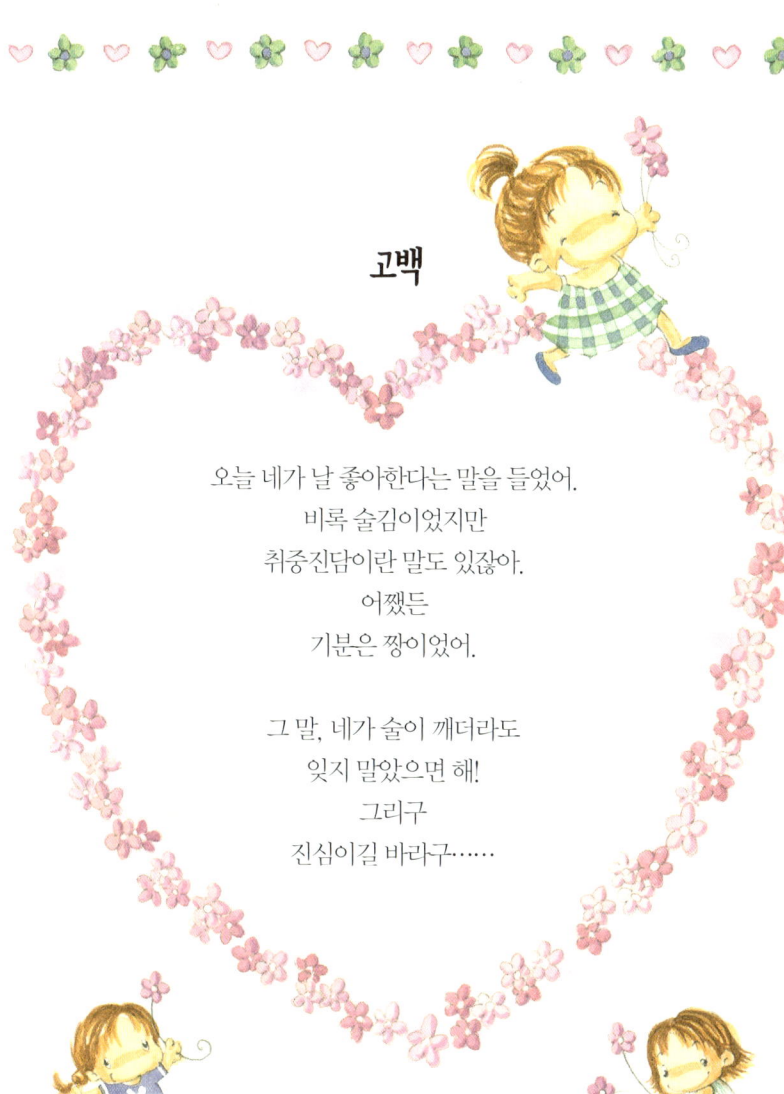

오늘 네가 날 좋아한다는 말을 들었어.
비록 술김이었지만
취중진담이란 말도 있잖아.
어쨌든
기분은 짱이었어.

그 말, 네가 술이 깨더라도
잊지 말았으면 해!
그리구
진심이길 바라구……

WHITE

너에 대한 첫 느낌?

글쎄,
음……
깨끗했어!
뭐랄까!
아직 때 묻지 않은 하얀 백지 같은
그런 순수함?!
그게 내가 본 너의 첫인상이야.

근데
나……
어쩌면 너의 그 하얀 순수함 때문에
널 처음 본 그때부터
좋아했던 건지도 모르겠어.

나 지금 너한테
이렇게 속삭여주고 싶어.
"우리 영원히 헤어지지 말자!"

좋은 날

너무너무 기분이 좋다.
오늘 그와 정말 많은 얘기를 했다.
너무 좋아서 잠도 오지 않을 것 같다.
이거 꿈은 아니겠지?
한번 꼬집어볼까!
어? 왜 아프지 않지?
아! 너무 행복해서 아프지도 않나 봐!
오늘은 정말 좋은 날이다.
······좋·은·날······

천생연분

내가 찾는 내 반쪽이
바로 너였음 좋겠구!

네가 찾는 네 반쪽이
바로 나였음 좋겠어!

뭐?
너두 그렇게 생각한다구!!
Ph-Ha-Ha-Ha-Ha~
우린 진짜 진짜
천생연분인 것 같아.

아이~
쵸아라~

칵테일

사랑의 칵테일을 마시고 싶다고?
어떻게 만드는 건지 잘은 모르지만
널 위해서 한번 만들어볼게……

마셔봐!
어때?
뭐가 들어갔냐구?

음……
내 마음 한 잔.
내 꿈들.
그리고, 너에 대한 내 사랑……

유치의 극치 - 나 화려한(?) 싱글일 때

커플인 친구들 보면 정말 눈꼴 시리고, 닭살 돋구
가끔, 아주 가끔이지만
세상 약 다 먹어도 치유되지 않을 만큼 배 아프고
어떨 때는
'얘네들 성인인가?!' 싶을 정도로 우습기도 하고
나한테 연락 뜨~음하면
"정말 여자들 우정은 이래서 안 된다니까.
고작 늑대 한 마리 때문에…… 나쁜 지지배!!"
하며 질투(?) 섞인 화도 내보고,
친구들 중 한 명 정도?!……
내 생일날 남자친구 호출이라며
밉살맞게 도망(?)치는 뒷모습 보면서
"그래! 너희 얼마나 오래가나 보자!"
하며 잇몸으로 살아야 될 만큼 이를 빡·빡 갈면서
한 치의 망설임 없이 씹어주고,

남자 친구가 사준 선물 자랑하며
마치 이 세상을 전부 선물받은 것처럼
좋아하는 친구에게
"야! 사랑이란 거 하면
너처럼 그렇게 유치찬란해지는 거야?!"
하던 나~아!!

유치의 극치 - 나 너와 완벽한 닭살 커플이 된 후

내게 씹히던 친구들 나를 보면 모두 똑같은 첫마디……
"다연아! 너 다연이 맞니? 그 터프하고, 소리 잘 지르고,
법보다 주먹이 가까운 다연이 맞니? 너두 별수 없는 여자구나!"

그와의 첫 키스!!
난 신나라(?) · 좋아라(?) · 자랑했더니
글쎄 내 친구들의 반응은 "……" -_-;;;
무표정한 얼굴로 아무 말 없이
꼭 동물원 뭐 보듯 쳐다보던 친구들……
그래두 난 아랑곳하지 않았어.

그와 친구들이 첫 대면하던 그날!
친구들 그와 내게
"너네들 콩깍지도 아니구 철깍지가 씌었구나! 철깍지……!"
터프함의 표본, 터프함의 기준이었던 내가 그를 만난 후
애교의 결정판을 이룩했더니 모두들 그러더군.
"야! 너희 커플 정말 유치찬란 삐까뻔쩍해서
눈을 뜰 수가 없다……"
라는 소릴 듣는 나~아!!

그래두 그가 무지무지 좋은걸!!

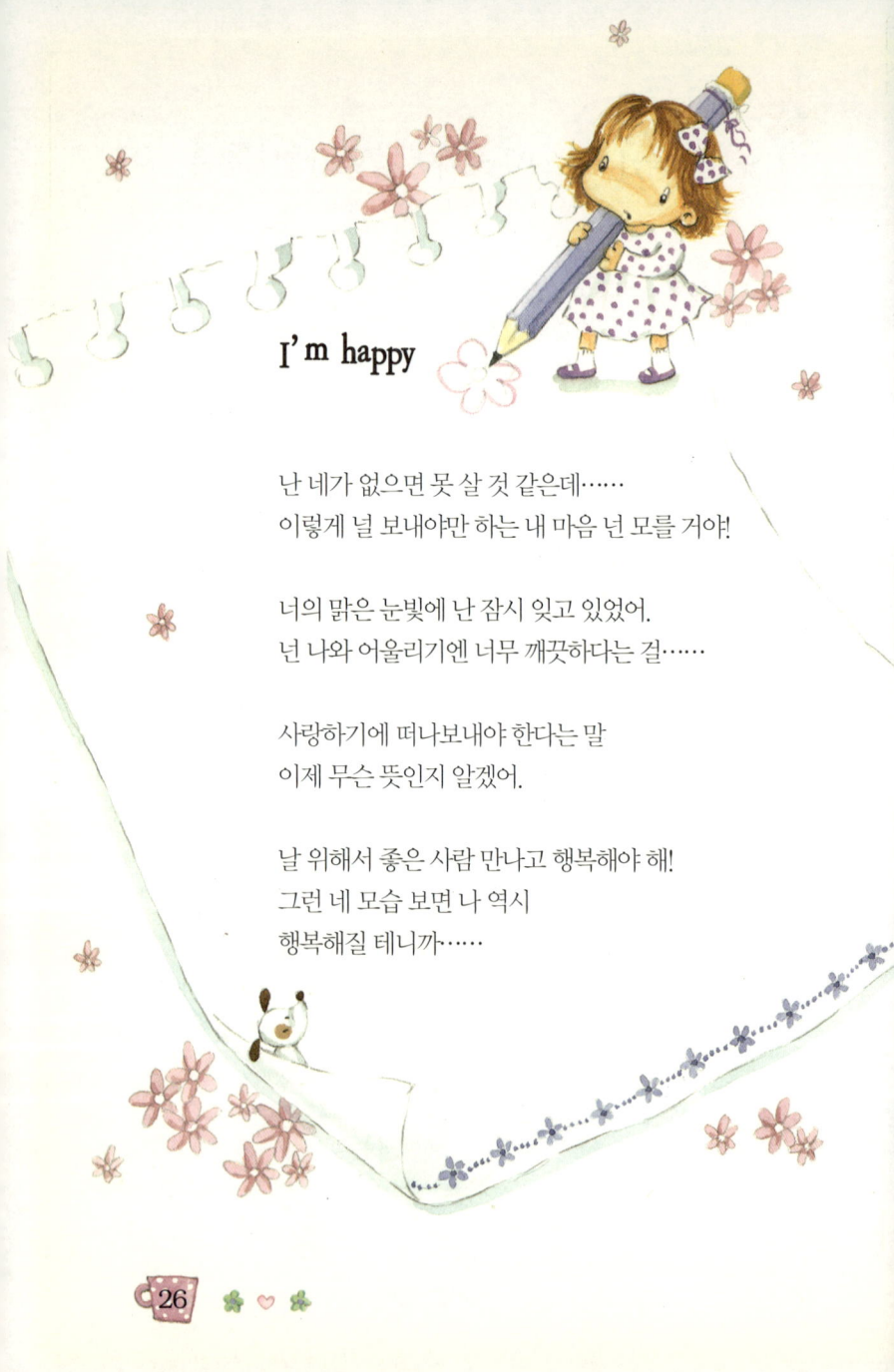

I'm happy

난 네가 없으면 못 살 것 같은데……
이렇게 널 보내야만 하는 내 마음 넌 모를 거야!

너의 맑은 눈빛에 난 잠시 잊고 있었어.
넌 나와 어울리기엔 너무 깨끗하다는 걸……

사랑하기에 떠나보내야 한다는 말
이제 무슨 뜻인지 알겠어.

날 위해서 좋은 사람 만나고 행복해야 해!
그런 네 모습 보면 나 역시
행복해질 테니까……

맛사랑

예전에 난 순대, 족발, 꼼장어 등등……
이런 것들은 입에 대지도 못했었지.

그런데 널 만난 후부터는
네가 좋아하는 모든 음식들을
나두 좋아하게 됐지 뭐야!

네가 좋아하는 모든 음식들이 다 좋은 거 있지!
이런 걸 무슨 사랑이라고 하지?

음……
맛 · 사 · 랑!!

사랑이 되어버린 너

친구란 이름으로 소리 없이 다가왔던 너.
내가 뭘 하든 아무 말 없이 조용히 바라봐 주던 너.
하지만 가끔은 내게 작은 충고도 아끼지 않던 너.
음치인 내 노래 들으면서
나중에 돈 많이 벌면 음반 내준다던 너.
한밤중에 골목에서 깡패를 만나 날 위해 엄청나게 맞던 너.
어느 날인가 아파서 쓰러졌다고 했더니
막노동해서 번 돈으로 갈비 사준다고 하던 너.
레오나르도 디카프리오와 여명을 좋아한다고 말했더니
그 친구들 포스터만 봐도 과민 반응 보이며 화내던 너.
만화책을 유난히 좋아하던 내게 살짝 와서는
"나 되고 싶은 게 있는데
바로 만화 가게 주인이야!"라고 조용히 말하던 너.
미팅 나갔다가 '킹카'를 만났다고 했더니
하루 종일 괜스레 시비만 걸던 너.
내 열아홉 살 생일날 밤에 학교 노천극장에서
100개의 촛불을 켜고 기타를 쳐주며 날 감동시킨 너.
(내 평생 그런 생일 선물은 다신 없을 거야!
너무나 특별한 선물 정말 고마워……)
이런 너에게 이제 난 친구가 아닌
사랑이란 이름을 붙여주고 싶어.
아주 작고 수줍게 시작되는 내 사랑이지만

네 따뜻한 마음으로 영원할 거라 믿어.
나의 소중한 사랑이 된 너에게 하고 싶은 말이 있어.
"내 곁에 있어줘서 정말 고마워!!
그리구…… 너무나 사랑해!!"

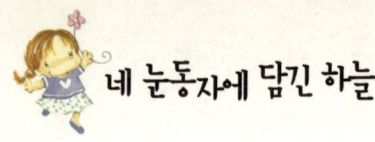
네 눈동자에 담긴 하늘

어느 누구보다도
파아란 하늘을 사랑하는 넌……
언제나
저 하늘에 담겨 있었어.

저 아득한 하늘 끝에 머물던
너의 눈동자에는
내가 알 수 없는 미소와
내가 모르는 세계를 떠도는
너의 외로움이 서려 있었어.

이젠
너의 그 외로운 시선을
내 눈동자에 고정시키고 싶어.

너의 미소도……
너의 세계도……
너의 외로움까지
함께하고 싶은 나의 바람으로……

시 - 하나

사랑해요! 사랑해요! 사랑해요! 사랑해요!
수백, 수천 번을 말해도 질리지 않는 말입니다.
또,
당신에게 가장 하고 싶은 말입니다.

미안해요! 미안해요! 미안해요! 미안해요!
다시 태어나도 듣고 싶지 않은 말입니다.
더욱,
당신에게서는 듣고 싶지 않은 말입니다.

웃음의 의미

얼마 전부터……
내게 다시 다가오려는
당신을 느꼈어요.

아무 말 없이 멀어졌던 당신이……

나 지금 다른 사랑을 준비하려고 하는데
당신이 날 혼란스럽게 해요.

내게 보내주는
그 웃음의 의미를 알고 싶어요.

단순히 당신이 외로워서라면
날 더이상 힘들게 하진 말아줘요.
이제 난 당신을 거부할 힘도 없으니까요……

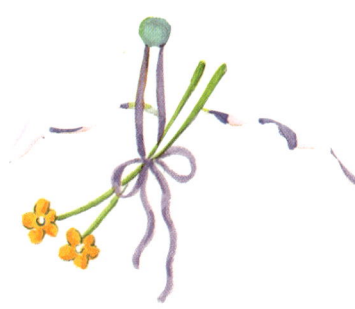

첫 만남의 준비

널 처음 만난 날
난 부푼 가슴을 안고 거리를 거닌다.
그리고 마음 한구석에 지우개 하나를 마련했지.
널 사랑할 준비를 하기 위해서였어.

네가 후에 내 곁에서 떠나간다 해도
널 미워하지 않고
조금씩 지우개로 지워가며
너의 이별까지 사랑하기 위해서……

지우개가 필요한 날을 위해서……

part 2.

행복해 미치겠는 내게
새롭게 다가서는 사랑과 친구,
연인과 우정

I always
need you

당신의 것만이 위로한다.
내 속에 미친은 무엇인 당신이 위치하고 있기에
소식이 오늘의 자리하고 싶은 마음이 접기로

넌 내가
가끔 필요할지
모르지만
난 항상
니가 필요해

당신 것!!

당신과 많이 가까워졌다고 생각했습니다.
그리고 그걸 사랑의 시작이라 느꼈습니다.
그런데 당신의 말 한마디가 날 너무 슬프게 했습니다.
"날 사랑하지 말아요!
난 당신이 생각하는 것만큼 좋은 사람이 아니니까요."
이 말 한마디가 그렇게 슬프게 들린 건
나조차도 놀랄 일이었어요.
내가 생각했던 것보다 당신을 더 많이 사랑했나 봐요.
하지만 사랑한다는 말, 할 수가 없을 것 같아요.
그 말을 했다간 내 옆에 있는 당신이
더 멀리 떠나갈 것 같아서요.
이 말은 내 가슴속 한쪽에 좋은 느낌으로 묻어주겠습니다.
그러니 당신이 필요하시다면 언제든지 가져가세요.
이 말은 당신 것이니까요.
사랑해요……

시를 쓰고 싶어.
눈물이 날 만큼 슬픈 시를……

이젠 쓸 수 있어.
아니! 느껴져……

무슨 말이냐구?
사랑을 해봐!
무슨 말인지 알 수 있을 테니까.

오늘 같은 날엔

오늘처럼 화창한 날엔
해 맑은 모습의 네가 너무나 생각나.
저 하늘을 꽃으로 수놓은 것보다 더 아름다운
행복한 너의 미소가……
오늘처럼 비 오는 날엔
많이 아파하던 너의 모습이 생각나.
"나 터프하지!" 하며 비 맞고 다니던 귀여운 너의 미소가……

오늘처럼 눈 오는 날엔
내겐 너무나 따뜻했던 너의 모습이 생각나.
힘들어 슬퍼하던 날 포근히 감싸주며 위로해주던
따뜻한 너의 미소가……
오늘처럼 바람 부는 날엔
가끔은 아무 말 없이 허공을 바라보던 네가 생각나.
내가 가장 널 이해하기 힘들었던 고독한 너의 미소가……

오늘처럼 아무 약속도 없는 날엔
아침에 눈뜨자마자 네가 제일 먼저 생각나.
네가 내 곁에 있다는 사실만으로도
난 너무너무 행복해지거든……
오늘 같은 날엔 네가 정말 정말 보고 싶다!

정말…… 몰랐었다

모든 걸 가슴에 담아두는 것이
이렇게 힘들다는 걸 예전에는 미처 몰랐었다.
정말…… 몰랐었다.
말하고 싶은데 그냥 내 속에 담아두어야만 한다는 것이
이렇게 힘든지 몰랐었다.
이렇게 모든 걸 참아야만 한다는 것이
내 성장의 대가인가 보다.
이럴 줄 알았다면 커버리지 않는 건데……

소유 & 기다림

사랑은 기다림이라구?
누가 그래?
틀렸어!
사랑은 보물과도 같은 거라서 내가 소유하지 않으면
누군가가 훔쳐 간다구!
알겠어?

사랑은 소유하는 거라구?
누가 그래?
틀렸어!
정말 사랑한다면
내가 소유하려 들지 않아도 자연히 내 소유물이 되는 거야!
그때까지 조용히 바라보며 기다리는 거
그게 바로 사랑이야!!

너 지금 어딨니?

"세상에는 아주 아름다운 사랑이 있어.
눈에 보이지 않고, 돈으로 따질 수 없는 사랑이……
그건 바로 내가 너에게 주는 사랑이고,
네가 나에게 주는 그런 사랑일 거야!!

언제든지 네가 원하는 게 있으면 내게 말해줘!
무엇이든 네가 필요한 게 있으면 내게 말해줘!
널 위해서라면 언제든지 무엇이든지
네게 다 주겠어……"

이렇게 말하던 넌 지금 어딨니?

여행

난 혼자 여행을 하고 있었어.
외롭지 않았냐구?
글쎄?
가끔 힘도 들긴 했지만, 혼자서도 좋았어.
즐거운 일두 많았구 ^^

그러던 어느 날
너라는 길동무를 만났어.
갑자기 생긴 길동무가 어색하기도 했지만
색다른 즐거움에 참 좋았어.

근데 널 만난 후 나의 여정은 참 힘들었어.
그래도 우리의 여정은 계속되었고
우린 점점 지쳐갔지.
'너와 함께 온 시간이 얼마나 지났을까?' 하는데
넌 다른 길동무를 찾더라구.
이젠 나와의 여행이 즐겁지 않다며, 힘들다며, 지겹다며
넌 다른 길동무를 만나 떠났어.

널 그렇게 보내고
난 다시 나의 길을 갔는데
디따 이상하더라.

외롭고…… 심심하고……
힘들 때 의지되던 사람이 없다는 그 현실이
참 슬프더라.

너와 헤어진 한동안은 눈물 여행이었어.
눈물 때문인지
난 갈 길을 잃고 헤매기도 했어.
니가 없는 내 여정은 무의미한 것 같고
정말 힘들더라……

근데 생각해보니까
난 첨부터 혼자 여행을 하고 있었거든.
내 여행길에 니가 잠시 낀 것뿐인데,
잠시 동안 너라는 길동무를 만난 것뿐인데,
난 계속 내 길을 가고 있는 거야.
예전에…… 널 만나기 전에도
난 혼자 여행을 했는데.
너와 함께하면서 내가 너무 지체한 것 같아.
다시 마음을 잡고 내 길을 가야겠다.
내가 가야 할 길……
나의 여행을…… 해야지!

사랑의 방

사랑의 방에 들어가기 위해선
먼저 만남이란 문을 두드리고 기다려야 합니다.
만약 기다림 없이 문을 열고 들어갔다면
그 집의 주인은
사랑이 아닌 상처의 방으로
당신을 데려갈지도 모릅니다.
그리고 사랑의 방에 들어가게 된다면
이젠 그 방의 모든 것을
소중히 아끼고, 사랑하며, 지키세요.
그러지 않는다면
모든 것이 곧 사라져버릴 테니까요!
또 한 가지 명심할 것은
그 방 안의 문들을 함부로 열지 마세요!
그 문들은……
이별의 방으로 통하는 문들이니까요……!!

두려움

내가 두려운 건 너와 헤어지는 것이 아니야.
정말 두려운 건 네 기억 속에서 지워질까
조마조마하는 마음이야.

이런 내 마음
조금만 생각해줄 수 없니?

너무 가슴이 아파!
눈물도 날 것 같아!

이런 맘 처음이야.
그래서 이 헤어짐이
더 두려워!

겨울의 소리

봄이 오는 소리가 들립니다.
모든 것이 새롭게 시작하기 위한
준비를 하는 소리가 들립니다.
겨울잠을 자던 동물들도 나오고,
꽁·꽁 얼어붙어 있던 개울물도 흐르고,
추운 겨울을 잘 견뎌낸 꽃들도 모두 피었습니다.
하지만 내 마음속에서는
다시 겨울이 오는 소리가 들립니다.
모든 것을 흰 눈 속에 덮어버린 겨울의 소리 말입니다.
난 지금 당신의 존재를
그 흰 눈 속에 덮어버리기 위해
겨울을 준비하고 있습니다.
당신이 내 속에 남아 있는 한
난 봄을 맞이할 수 없을 테니까요……

분실물

말하고 싶은데…… 말을 잃었어요!
웃고 싶은데…… 웃음을 잃었어요!
울고 싶은데…… 눈물을 잃었어요!

당신을 만나는 동안 하나씩 흘려버렸나 봐요.
어디에 흘렸는지…… 다시는 찾을 수가 없을 것 같아요.

만약 그것들을
당신이 주워 가지고 계신다면 그나마 다행이에요……
당신이 가지고 계신 동안은
절…… 잊지 않으실 테니까요……

사·랑·해

널 사랑하지 말았어야 했는데……
이렇게 혼자 가슴 아픈 줄 알았다면
널 사랑하지 않는 건데……
내게 돌아오지 않을 거란 걸 알면서도
혹시나 하는 맘으로 널 사랑했는데……
그러지 말걸 그랬어.
이 아픔이
이렇게 견디기 힘들도록 아픈 줄 알았다면
널 사랑하지 않았을 거야.
네 웃음소리에 돌아보지 않았을 거야
처음부터 말이야……
네 웃음소리에 한 번 돌아본 것이
이렇게 큰 상처가 될 줄은 짐작도 못 했어.
그런데 이런 네게 아직도 하고 싶은 말이 있어.
사·랑·해!!
널……

커피

「커피를 블랙으로 마시는 사람은
고독의 맛을 아는 사람이고,
커피에 설탕 하나를 넣어 마시는 사람은
인생의 맛을 아는 사람이며,
커피에 설탕 둘을 넣어 마시는 사람은
사랑의 맛을 아는 사람이다.」

근데 난
커피라기보다
거의 설탕물에 가까운 커피를 마셔봐도
아직 사랑의 맛이 어떤 건지 잘 모르겠어……

내 사랑이 아직 부족해서인가?

인어 공주

인어 공주 이야기를 아시나요?
사랑하는 이의 행복을 위해
물거품이 되어버린 인어 공주를요……
그게 바로 저예요!
제 얘기 좀 들어보실래요?

큰 폭풍우가 치던 어느 날……
바닷가 왕국의 왕자님이 바다 속에 빠지게 되었어요.
전 그 멋진 왕자님을 구해드렸어요.
그리고, 그를 사랑하게 되었구요……
난 바다 속 마녀에게 내 목소리를 주고
인간의 다리를 갖게 되었어요.
내가 인간의 모습으로 그의 곁에 갔을 땐
그는 이미 이웃 나라 공주를 사랑하고 있었죠.
그를 구해준 것은 공주가 아니라 나인데……
그는 알지 못했죠.
난 아픈 다리로 춤을 추며 그를 즐겁게 해주었는데……
그를 사랑한다는 이유로
바다 속 사랑하는 가족을 모두 버리고 그의 곁에 왔는데……
그는 아무것도 모르고 다른 여자를 사랑하게 되었죠.
난 너무나 가슴이 아팠어요.
그런데 그때 마녀가 제게 그러더군요.

"그를 죽여!"
마녀는 내 손으로 그를 죽인다면
난 다시 가족들 품으로 돌아갈 수 있다고 하더군요.
난 어떻게 해야 할지 너무나 혼란스러웠어요.
그러나 많은 생각 끝에 난 칼을 집었어요.
내 가족들에게 돌아가기 위해서……

하지만…… 당신을 보는 순간 그러지 못했어요.
내가 그런 짓을 하기엔
난…… 당신을 너무 사랑하고 있었으니까요!
그래서 전 떠나려고 해요.
하지만 당신을 볼 수 있도록 항상 바다에 남아 있을 거예요.
당신에게 다가가려 하면 물거품이 되고 마는 나이지만
당신을 사랑하는 마음은 바다 속에 깊게 새겨져 있을 거예요.
날 위해 행복하세요……
사랑해요

나 그대 위해 촛불 하나 켜두었습니다

내 마음에
촛불 하나 켜두었습니다.
그가 내 마음을 알고 싶어할 때
그 빛으로
내 깊은 사랑까지 볼 수 있도록 말입니다.

내 방 창가에
촛불 하나 켜두었습니다.
늦은 밤
날 보기 위해 찾아온 그가
내 방을 좀더 일찍 찾을 수 있도록 말입니다.

내 두 눈 속에
촛불 하나 켜두었습니다.
그의 힘든 모습, 슬퍼하는 모습
내 눈 속의 밝음으로
가장 먼저 위로해줄 수 있도록 말입니다.

내 작은 미소 속에
촛불 하나 켜두었습니다.
내 전부인 그에게는
밝은 미소만 보여주고 싶기에

어두운 내 슬픔보다 미소만을 찾을 수 있도록 말입니다.

내 추억 저편에
촛불 하나 켜두었습니다.
당신 생각에
잠 못 이루는 밤이 오면
그 추억 하나하나 꺼내어 볼 수 있도록 말입니다.

내 이별의 벽 뒤에
촛불 하나 켜두었습니다.
내 힘겨운 모습
작은 빛으로나마
그에게 전해지길 바라면서 말입니다.

나 당신이 떠나신 그 길에
촛불을 켜두겠습니다.
언제라도 길 잃지 않고
돌아오실 수 있게 말입니다.

나 그대 위해
촛불 하나 켜두겠습니다.

이별이란 - He

네가 날 떠나려 할 땐 널 놓아주는 것이
옳은 일이라 생각했어……
나도 널 느끼고 싶었어.
하지만……
난 네 표현에 응할 수가 없었어.
그때 난 이름 모를 그 어딘가로
점점 가까워지고 있었어.
내 삶의 머나먼 여행으로 인해
네게 슬픔을 안겨주고 싶지 않았어.
하지만 지금도 꼭 하고 싶은 말이 있어.
사랑해!
꼭 말하고 싶었는데……
정말 사랑해……!!
Good Bye, My Lover.
꼭 행복하길 바란다.

이별이란 - She

언젠가부터 내 옆에
항상 함께하는 사람이 있었어.
사랑이라 하기엔 멀고,
우정이라 하기엔 너무 가까운
어느 유행가 가사 같은 사람이……
그는 내가 언제나
자기를 바라보고
원하고 있다는 사실을 알지 못했어.
…… 그때 난 너무 힘들었어.
지금은 내 곁에 남아 있지 않은
너의 흔적만이 내 곁에서 맴돌고 있어.
고마워,
내게서 너의 모든 것을 가져가지 않고
추억이라는 너의 향기를 남겨줘서.
…… 보고 싶다.

Always

길을 걷다
네가 좋아하는 음악을 들었어.
그냥 지나치려 했지만
순간 내 몸은 굳어버렸고, 발은 떨어지지가 않았어.
내 볼에는 어느새 눈물이 흐르고 있었고,
난 내 아픈 가슴을 진정시키려고 부단히 애를 쓰고 있었어.
하지만 내 의지와는 달리
내 몸의 모든 감각기관들은 제각기 행동하고 있었어.
많은 사람들의 시선을 느꼈지만 어떻게 할 수가 없었어.

나 어떡하면 좋지?
이제 본 조비의 'Always'만 들어도
주체할 수 없는 내가 되어 버리는데……
암만 생각해두
귀를 꼭 틀어막고 다녀야 할 것 같아.
너를
조금만, 아주 조금만 생각하기 위해서……
진짜 조금만……

증오

네가 옆에 있어도 느꼈던 외로움
네가 없는 지금
난 얼마나 정에 굶주려 있는지……
하늘만 봐도 괜히 눈물이 나곤 해.

삶이란 숙제가 내겐 너무 풀기 힘들어.

나……
이젠 지쳐가고 있어.
아니, 지쳐버렸어.
혼자 서 있는 것조차 너무 힘들어……
지금은 그때 널 따라가지 못한 것이
한없이 한스러워.

지금의 날 증오하면서……

참 좋을 텐데

가끔 날 생각해주는
여러 사람이 있는 것보다
항상 나만을 생각하는
한 사람이 있으면 좋겠습니다.

가끔 전화 와 내 안부 묻는
여러 사람이 있는 것보다
내 불편함을 먼저 알아주는
한 사람이 있으면 좋겠습니다.

내 농담에 웃고 흘려버리는
여러 사람이 있는 것보다
무심코 내뱉은 내 한숨 걱정해주는
한 사람이 있으면 좋겠습니다.

날 좋아해주는
여러 사람이 있는 것보다
날 사랑해주는
한 사람이 있으면 좋겠습니다.

그 한 사람이……
당신이라면 더 좋겠습니다.

그 한 사람이……
내가 사랑하는 당신이라면 참 좋겠습니다.
내 사랑이 외사랑으로 끝나지 않았으면 합니다.

당신이 내 옆에 있어준다면
참 좋겠습니다.
그러면 정말 참 좋을 텐데……

나 아직도 사랑입니까?

그는 제 사랑입니다.
그에게도 제가 사랑일까요?

이런 제 질문에
"사랑이었었어."
"글쎄……?"
"사랑이라 착각했던 것 같아."
이런 대답 하면 어쩌죠?

난 아직도 사랑인데
난 아직도 그대 사람이길 원하는데……
.
.
.
.

당신께
나……
아직도 사랑입니까?

비누 인형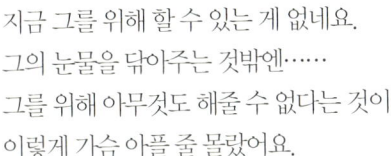

제 사랑이 울어요.
그의 사랑 때문에 울어요.

그의 아픔 때문에
내 가슴은 점점 무너져 내립니다.

그 사람 눈물에 내 눈시울도 뜨거워지는데.
그 사람 눈물 닦아주면서 참을 수밖에 없네요.
맘에 없는 미소 지어주면서.
맘에 없는 위로 해주면서.
그냥 그 사람 조용히 안아만 줬어요.
그냥 그 사람 눈물 조용히 감추어줬어요.

지금 그를 위해 할 수 있는 게 없네요.
그의 눈물을 닦아주는 것밖엔……
그를 위해 아무것도 해줄 수 없다는 것이
이렇게 가슴 아플 줄 몰랐어요.

너무 아파서 자꾸만 사라집니다.
그의 흐르는 눈물에……
나는 녹아 사라집니다.
비누 인형처럼……

part 3.

추억의 모래성은 여전한데……
우리 같이 만들어놓고
나 혼자 무너뜨리라고
너 혼자 떠나는 거니?

I always
need you

당신이 너무너무 보고 싶어요
내 속에 아직은 작지만 당신이 자리하고 있기에
그 작은 느낌만 가지고도 참은 여유에 있기에

넌 내가
가끔 필요할지
모르지만
난 항상
니가 필요해

겨울꽃

쇼윈도에 진열된 작은 꽃들을 보면
작년 겨울이 생각나요.

흰 눈이 내리던 어느 겨울날
집 앞의 꽃집을 지나며
당신이 그랬었죠?!
"난 저 꽃처럼 화려하지는 않지만,
그보다 더 향기롭고 따스한 사랑을 내게 주었어."

조금만 있으면
다시 흰 눈이 내리는 겨울이 와요.
하지만 올겨울엔 그 흰 눈 속에 저 혼자 서 있겠죠?!
집 앞의 꽃집도, 하얀 눈도
그대로 그 자리에 있을 텐데……
내 옆에 있던 당신만은 그 어디에도 보이질 않겠죠?!

올겨울엔
눈이 오지 않음 좋겠어요.
눈이 올 때마다 당신이 생각날 것 같으니까요……
그럼 난
많이 가슴 아파할 테니까요……

단지……

어느 날 문득
영화 표 두 장이 생겼다며
좋아하던 너와 함께 영화를 보러 갔지……

짐 캐리의 〈덤 앤 더머〉
그 영화 얼마나 웃기던지
난 그날 배꼽이 빠지는 줄 알았어.

그런데 그것보다 더 중요(?)한 건
그날 네가 처음으로 내게 입 맞춘 거였어!
어휴!
제일 뒷자리였으니 다행(?)이지……

나 지금 그 영화를 비디오로 다시 보는데
왜 이렇게 슬프니?!
단지 네가 옆에 없을 뿐인데……

제목 없는 시 - One

어두운 바다 한가운데
혼자 뚝 떨어져 있다고 느낄 때는
항상 날 생각해줘!
언제나 네 옆에서
널 지켜주고 있는 나를……

제목 없는 시 - Two

네가 가야 할 길이
어딘지 모르고 방황할 땐
내가 너의 별이 되어줄게!
나란 별을 보고
언제나 길을 잃지 않게……

제목 없는 시 - Three

지금은 아주 힘들지 몰라.
지금까지 너와 내가 보낸 그 오랜 시간들이
아무런 의미 없이 지나갔다고 느낄 수도 있어.
하지만 우리에겐
앞으로의 긴 여백이 남아 있잖아.
우리 힘내자!

제목 없는 시 - Four

너 그거 아니?
내가 너를 사랑하고 있다는 거!
네가 항상 내 곁에 있어서
내가 얼마나 행복했었는지……
이젠 영혼이 떠난 너의 차디찬 육체에
나의 마지막 입맞춤을……

기쁘다!

정말 힘들었었구나?!
나와 지내온 그 시간들이 말이야.
사랑이란 족쇄로
내가 널 너무 꼭 잡아두었었나 봐.
지금 내 눈앞에 보이는 네 모습……
나와 있던 그때의 모습과 너무나도 달라 보여.

정말……
편안해 보인다.

네가 날 떠나갈 때
난 너무 가슴 아팠었는데……
지금의 네 모습을 보니까
가슴 아팠었던 것보다 기쁘다는 생각이 먼저 들어.
아직 널 많이 사랑하나 봐!
네 기쁜 모습에
나까지 기뻐하는 걸 보면 말야!
예전…… 그때처럼……

이게 비록 꿈이라 하더라도……

비의 사랑

당신을 만난 날부터
나의 온밤엔 온통 비가 내렸습니다.

오늘도……
가는 빗소리 들리는 밤.
이제는 내 눈물이
비가 되어 흐르고 있습니다.
이제는 내 가슴이
비가 되어 흐르고 있습니다.

지금 내 창가에 흐르는 비를 타고
내 눈물과 가슴이
사랑이 되어 흐릅니다.

내 모든 것이 흘러도 좋습니다.
그건……
당신에게 줄 수 있는 단 하나……
나의 사랑이니까요.

이제라도 나의 맘 전부를
전할 수 있다면……

너의 곁에서

어느 날 네 친구가 내게 전화를 했어.
니가 날…… 많이 보고 싶어 한다고……
조금은 망설였어. 널 만나야 할지 말아야 할지……
만나게 되리란 걸 알면서도 말이야.
친구는 내게 병원으로 오라 하더군.
왜 병원으로 오라 하는지 난 의아하게 생각했어.
어쨌든 내 발걸음은 병원으로 향하고 있었고,
드디어 친구가 가르쳐준 병실 앞에 도착했어.
똑·똑·똑
"들어오세요!"
병실 안에서는 낯익은 목소리가 들려왔어.
난 문을 열고 안으로 들어갔고,
그 작고 하얀 병실에 누워 있는 널 보게 되었어.
너무나 야위고, 창백해진 얼굴로 누워 있는 넌……
조금은 힘들어 보이는 미소로 날 맞았어.
난 그때까지 내 볼에 흐르는 눈물을 외면하고 있었어.
그런 내게 넌 조용히 말했어.
네가 날 떠났었던 이유를……
내가 너무 가슴 아파할까 봐 미리 떠났다고……
그렇게 조용히 떠나려고 했는데
너무나 많이 그리운 사람이 있어서 그러지 못했다고……
미안하다고……

난 그제야 그의 마음을 알았고 한없이 울었다.

지금 난
그가 누워 있는 침대 옆에서
이 글을 쓰고 있다.

그가 내 곁에
좀더 오랫동안 머물 수 있길
기도하면서……

텅 빈 가슴으로

누군가 제게 이런 얘기를 해줬어요.
"눈이 오는 날은
사람과 사람이 만나는 날이 아니라
가슴과 가슴이 만나는 날이야."
라고 말이죠.

지금의 이 계절이 다 지나면 또다시 겨울이 찾아오겠죠.
겨울이 찾아오면 곧 하얀 눈도 내리겠죠.

당신이 내 사랑을 가지고 멀리 떠나버린 후
내 가슴속엔 아무것도 남지 않았습니다.
지켜야 할 사랑이 없다는 사실은
내 텅 빈 가슴을 더욱 시리게 얼려버렸습니다.

아마도 이번 겨울에는
그 누구도 만나지 못할 것 같습니다.
내 가슴속에 작은 원망이라도
채워 넣기 전까지는 말입니다.

내 텅 빈 가슴으로
이번 겨울을 맞아야 한다는 것이
마냥 두렵기만 합니다.

Good-Bye

You-
눈이 자꾸만 감겨
이제야…… 네 모습을 이렇게 가까이 볼 수 있는데.
내 눈가를 닦아주는 너의 손길이 너무 따스해.
그런데 넌 왜 울고 있는 거야?
내 가슴이 아파오잖아……
하지만 난…… 네 눈물을 닦아줄 수가 없어.
내 손이 점점 차가워지고 있어서……
너의 손처럼 따뜻하게 닦아줄 수가 없어.
나 너무나 졸려……
이제 그만 눈을 감아야겠어.
약속 하나 해줄래?
내가 잠에서 깰 때까지 내 옆에 있어줘!
내 손을 꼭 잡고서……

I-
그래.
이제 그만 쉬어!
약속…… 꼭! 지킬게……
'잘 자! 편안히…… 안녕!'

괴테의 '괴변'

옛날에 살았던 '괴테'라는 아저씨가 이런 말을 했어.
"사랑은 모든 것을 이긴다."

근데 내 사랑은 널 데리러 온 천사들을 이기지 못했어.
내 사랑의 힘이 약했던 탓일까?
아님 그 천사들이 내 사랑을 무찌르고
널 데려가기 위해 특별히 선출된 특수부대 천사들이었을까?
어쨌든 난 천사들과의 치열한 전투에서 패배했고,
널 지키지 못했어.
그리고 부상도 당했어.
마음에 너무 큰 상처를 입어서
병원에서도 치료가 불가능하다고 하더라.
지금도 많이 아파……
언제쯤이면 다 나을 수 있을지 모르겠어.

사랑은 모든 것을 이길 수 있다구?
그 사랑이 얼마나 강한 것인지 잘 모르겠지만
죽음은 절대 이길 수 없을 거야……
아니, 없어!
이 말은 분명 술 취한 괴테 아저씨가
지껄인 '괴변'임에 틀림없어.
괴테의 '괴변'!!

그때……

▶ 너 남자 친구 많지?
난 그때 네가 질투하는 줄 알았어!
▶ 나 아주 먼 곳에 가게 될 것 같아!
난 그때 네가 해외여행이라도 가는 줄 알았어!
▶ 너 나 사랑하니?
난 그때 네가 나의 사랑을 확인하는 줄 알았어!

그때 짐작했어야 했는데, 니가 날 떠나려 한다는 걸!
니가 말하던 그 아주 먼 곳으로 말이야……
그리고 너의 질문들이
너와 나, 마음 편히 헤어지려는 예고였음을
그때 짐작했어야 했는데……

22⅓

그는 스물두 해 사 개월을
살고 떠났습니다.

봄이 지나
여름이 가까워오는
싱그러운 오월의 길목에서
창백한 모습으로
이 아름다운 세상을
등지고 떠났습니다.
언제나
함께하겠다던
그가 나만 혼자 두고
떠나버렸습니다.

하지만
난 그를 그렇게
떠나보낼 수가 없었습니다.

그가 보고 싶어 하던
내 미래를
보여주기 위해
난 그를 내 가슴속에

묻었습니다.

내가
보고 느끼는
그 모든 것들을
그와 공유하기 위해서 말입니다.

많은 사람들에게서
떠나간 그를
난……
보내지 않았습니다.

난
그를……
내 가슴속에 묻어두었습니다.

스물두 해 사 개월을
살고 떠난 그를 말입니다.

언제나
함께하기 위해서

우리 사랑하지 말걸 그랬나 봐!

널 이렇게
보내게 될 줄 알았다면……
나 이런 사랑
하지 말걸 그랬나 봐!
처음부터……
다른 사랑 해볼걸 그랬나 봐!

이별 후
우연히 만나
어색한 표정 지으면서 돌아서더라도
나 그런 사랑
할걸 그랬나 봐!
잠시나마
그 사람 얼굴 볼 수 있을 테니까……

사랑하지만
헤어질 수밖에 없는
그런 너와의 사랑
시작도 하지 말걸 그랬나 봐!
이렇게 힘들고
이렇게 가슴 아픈
눈물 섞인 미련이

남을 줄 알았다면
널 사랑하지 말걸 그랬나 봐!

너와 나
만나지 않았다면……
아니,
사랑하지 않았다면……
슬픈 이별 하지 않았을 테고
아픈 상처 남지 않았을 텐데……

우리
처음부터 만나지 않았다면
너 눈감을 때
좀더
편히 감을 수 있었을 텐데……

미안해!
내가 널
사랑해서……

정말 미안해!

OB Lounge

언제나 오후 세 시에서 네 시 사이
너와 나 만나던 곳이 있었어.
너와 나만의 비밀 장소 같던 그곳이……

항상 전화로
"우리 거기서 만나자!"
하던 그곳 말이야!

너 기억하니?
지금 나 그곳에 있어.
우리가 항상 앉던 그 자리에……
혹시 네가 오지 않을까 하는
기다림 속에서 말이야.

아마 내일도
이곳, 이 자리에 있을지 몰라.
다신 돌아오지 않을 널 기다리며……

YOU & I - One

YOU-
넌 외로움이 뭔지 아니?
넌 누군가 옆에 있어도
혼자라고 느껴지는 이 기분
이해할 수 있니?
넌 이 세상 그 어느 누구도
날 이해하지 못할 거라는
생각, 해본 적 있니?
넌 없을 거야…… 한 번도……
넌 모두에게 사랑받고 있으니까.
너로 인해 내가 외롭다는 것도
넌 모르고 있으니까……

I-
미안해……!
널 혼자이게 해서……

블랙커피

티타임 때마다 듣는 소리……
"블랙커피 맛있니? 쓰지 않아?"
그럼 난 항상 이렇게 대답했어.
"커피는 맛으로 먹는 게 아니라
향으로 마시는 거야……!"

그런데 널 다시 볼 수 없었던 그날……
눈물이 날 만큼 커피 향이 쓴 거 있지.
난 그날 이후 커피는 입에도 대지 않아.
설탕과 프림을 듬뿍 넣어 마시면 되지 않냐구?!
나두 그런 줄 알았는데,
아무리 많이 넣어두 소용이 없더라.
그래서 마시지 않기로 결심했지……
다신 눈물 흘리고 싶지 않았거든……
근데 실은
너 때문에 너무 많은 눈물을 흘려서
눈물도 잘 안 나!

YOU & I - Two

YOU-
누군가에게 기대어 울고 싶을 때가 있어.
너무 힘들어 지칠 때……
그때마다 네가 너무 보고 싶어.
날 위해 네 가슴을 빌려줄 수 있겠니?

I-
물론이지. 네가 원한다면 언제든지……
'넌 내가 가끔 필요한지 모르지만
난 네가 항상 필요한걸!
난 항상 네 가슴에 안겨 울고 싶으니까!'

노스탤지어

거울 앞에 서면 가장 먼저 떠오르는 사람이 있습니다. 나의 영원한 노스탤지어…… 바로 당신입니다. 이젠 그리워해도 소용없다는 걸 알면서도 어쩌면…… 그래도…… 하지만…… 혹시…… 하는 마음으로 당신을 떠올려봅니다. 우리가 함께하던 시간 속에 영원히 남아 있는 당신을 말입니다. 불러봐도…… 그리워해도…… 모두가 소용없다는 것을 알면서…… 부질없는 짓이라는 것을 알면서 말입니다.

그러나 그건…… 오직 그대만이 내가 그리워할 수 있고 쉴 수 있는 노스탤지어이기 때문입니다.

비

오늘은 비가 왔어요. 아주 많이……

당신이 말했었죠? 비는 과거를 씻어준다고……
하지만 당신과 함께했던 나의 과거는
폭풍우가 지나가도 씻겨지질 않아요.
아직도 내 귓가와 내 몸 속에는 당신이 느껴져요.
내 몸을 감싸주던 당신의 손길이 느껴져요.
내 입술을 감싸주던 당신의 숨결이 느껴져요.

당신이 떠난 후……
이 오랜 시간까지도 말이죠.

잊을 수 없다는 걸 알면서도

이젠······
생각하지 않으렵니다.

이젠······
그리워하지 않으렵니다.

이젠······
울지 않으렵니다.

이젠······
그대를······
잊으렵니다.

생각하고,
그리워하고,
운다 해도
돌아올 수 없는
그대인 걸 알기에······
잊으렵니다.

그대를 잊는다는 것이
너무나 힘든 현실이란 걸 알지만

잊어야만 한다는 것도 알기 때문에
잊으렵니다.
　·
　·
　·
　·

단지 내가 할 수 있는 것이
이런 되뇌임뿐임을 알면서도
잊으렵니다.

당신이 바라던 세상을 찾아서

밝고 환한 햇살 속에서
눈을 떴습니다.

그러나 오늘 아침은
그 따스함을 느낄 수가 없었습니다.

나와 함께 숨쉬던 당신이
이젠 저 하늘 아래 그 어디에서도
숨쉬지 않는다는 사실로
내 감각마저 숨죽이게 했습니다.

내게 남아 있는 미세한 감각 속에서
당신이 즐기던 커피를 마셨습니다.

그리고 난 찻잔 속에 흔들리는 바다를 보았습니다.
당신이 언제나 동경해오던 바다를 말입니다.

난 여행을 떠나기로 했습니다.

우리가 함께하려 했던
그 모든 것들을 찾아서 떠나기로 했습니다.

오늘 아침은
배낭을 메고
당신이 찾던 그 빛나는 세상을 찾아서……
남아 있는 내 미래를 위해서……
여행을 떠납니다.

part 4.

아직 다
끝내지 못한 이야기를
내 소중한 사람들에게……

I always
need you

당신과 아이가 되어 만나도
맘 속에 아쉬운 저 작은 날들이 다가오고 있거나
그 하나 소중히 지켜보고 싶은 마음이 있기에

넌 내가
가끔 필요할지
모르지만
난 항상
니가 필요해

부탁

꿈에
머나먼 곳으로부터
당신의 얘기를 전해 들었습니다.
꽃피고 새 우는
예쁜 곳에서
아픔 없이 잘 지내고 있다고……
항상 따뜻하고 행복한 그곳에서
웃음 짓고 즐겁게 지내고 있다고……
하지만
가끔은
하늘 밑 이곳이 내려다보이는 우물 속을 들여다보며
눈물 흘리고 있다고……

제발
그러지 마시구려……
좋은 세상에 갔으니
이제 이 못난 소녀 잊으시고
걱정 없이 웃음 짓고 행복하게만 지내시구려……

님 그리워
우는 아픔
이 세상, 이 몸 하나로도 충분하오……

그러니
저세상 계신 당신께서는
슬픔일랑 다 잊으시고 편히 지내시구려……

그리하여
다음번 꿈에는
그대
슬픔 섞인 소식 듣지 않게 해주시구려……

그대 웃음 짓고 산다고……
그대 걱정 없이 산다고……
그대
이젠…… 이 몸 다…… 잊었노라고……

내 다음번엔
그런 소식
꼭
듣게 해주시구려……

편지

안녕하세요!
이 인사가 이렇게 어색할 줄은 몰랐어요.
직접 만나서 얘기를 해야 할 것 같은데……
당신을 마주하게 되면
아무 말도 할 수가 없을 것 같아서 이렇게 펜을 듭니다.
이해하시길 바랄게요!
나와 당신 아주 오랫동안 서로를 원했으면서도
아무런 말도 하지 못했어요.
하지만 이젠 아쉬움만 남긴 채
서로를 놓아주어야 할 것 같아요.
당신이 날 떠나려 할 때 처음엔 원망도 많이 했어요.
하지만, 나중엔 당신을 너무나 사랑하기 때문에
나보다 더 나은 사람을 만날 수 있도록
당신을 놓아드리는 것이 옳다고 생각했어요.
그때는……
하지만, 당신이 떠난 것이 그런 뜻이 아니었다는 것을
난 아주 오랜 시간이 지난 후에 알게 되었어요……
그리고 그때는……
당신은 정말 잡을 수 없는 사람이 되어가고 있었죠.

지금은 결국 당신을 떠나보냈구요……
하지만 이것만은 기억해주세요.
지금까지 당신만을 사랑했고,
지금도 당신만을 사랑하며,
앞으로도 당신을 사랑할 것이라는 걸 말이에요.

From. D.Y.

P.S.
부칠 수 없는 편지를 나를 위해 써봅니다.
…… 답장도 받을 수 없는 편지를……

무지갯빛 사랑

빨라진 내 심장의 고동…… 바로 너 때문이야!

주문을 외워보기로 했어.
네가 언제나, 항상 나만 사랑하게 해달라구……
노트 가득히 채워진 너의 이름 속에 내 사랑을
가득 담아서 말이야!

초콜릿처럼 달콤한 사랑까지는 바라지도 않아.
파트너로서 영원히 함께할 수만 있다면
난 그것으로 만족할 수 있어.
남들이 너에 대해 뭐라고 쑥덕거려도 난 널 믿어.
그게 사랑이라고 믿기 때문에……

보이니? 너에게 향한 내 사랑.
나 널 더 많이 사랑하기 위해서 노력할 거야!
우리 사랑이 영원할 수 있도록……
네가 있는 그곳 하늘까지 내 마음 전해질 수 있도록……

임이시여!

이제 나만의 여행을 떠나려 합니다. 당신과 함께가 아닌 나 혼자만의 여행을 말입니다. 당신 없인 혼자 그 어디도 갈 수 없을 것만 같았는데……
당신이 떠난 건 작은 슬픔을 남겼지만 나 혼자 설 수 있는 용기를 주었어요. 내게 그 많은 사랑을 주고도 가시는 마지막 순간까지 큰 선물을 주고 가시는군요…… 고마워요! 내게 가르쳐준 큰 사랑과 용기, 언제까지나 감사하면서 살게요……
이제 떠나야겠어요. 더 지체하게 되면 미련이 남을 것 같아요. 안녕! 임이시여……

어느 소녀의 사랑 이야기

한 소녀가 살고 있었습니다.
한 소년이 살고 있었습니다.

어느 날
소녀가 소년을 만났습니다.
소년이 소녀를 만났습니다.
소녀는 소년을 사랑하게 되었습니다.
소년도 소녀를 사랑하게 되었습니다.
둘은 너무나 행복했습니다.
주위의 모든 이들이
소녀와 소년의 사랑을 축복해주었습니다.
소녀와 소년 역시
그들의 사랑이 영원하길 기도했습니다.

그들의 사랑에 축복만이 가득하던 어느 날
갑자기 검은 구름들이 몰려오기 시작했습니다.
그리고 그 검은 구름 속에서 검은 옷을 입고,
무서운 얼굴을 한 사람이 내려왔습니다.
그는 소녀와 소년에게로 다가와서
소년을 데리고 가겠다고 말했습니다.
소녀와 소년은 너무나 두려웠습니다.
소녀는 소년이 없는 시간이란 생각해본 적이 없었습니다.

소년도 소녀가 없는 시간이란 생각해본 적이 없었습니다.
소녀는 검은 옷의 사람에게 울며 매달렸습니다.
"제발! 소년을 데려가지 마세요!"
검은 옷의 사람은
소녀를 쳐다보기만 할 뿐 아무런 말이 없었습니다.
소녀는 다시 한 번 그에게 부탁했습니다.
"정말 소년을 데려가야 한다면
저와 소년에게 잠시라도 함께할 수 있는 시간을 주세요.
마지막 인사라도 할 수 있게 해주세요!"
그 말을 들은 검은 옷의 사람은
곧 소년을 데리러 다시 오겠다고 말하고는
검은 구름 속으로 돌아가 버렸습니다.

소녀는 너무나 슬펐습니다.
소년도 너무나 슬펐습니다.
이제 두 사람이
함께할 시간이 얼마 남지 않았다는 것이 괴로웠습니다.
소녀는 하염없이 눈물을 흘렸습니다.
소년도 눈물을 흘렸습니다.
소녀와 소년은 아무것도 할 수가 없었습니다.
그저 서로 바라보고 눈물짓는 일밖에는
아무 생각도 나지 않았습니다.

시간이 흐르고 흘러서
검은 옷의 사람이 오기로 한 날짜가 되었습니다.
소년은 소녀에게 물었습니다.
"내가 떠날 때까지 날 사랑해주겠니?"
소녀가 대답했습니다.
"아니, 싫어! 내가 이 세상을 떠날 때까지 널 사랑할 거야!"

이 대화를 마지막으로
소년은 소녀를 떠나갔습니다.
소녀는 소년을 떠나보냈습니다.
소년은 소녀의 사랑을 가득히 안고서
행복한 얼굴로 떠나갔습니다.
소녀는 소년이 남기고 간 큰 사랑을 가지고
소년을 떠나보냈습니다.

그 후로 많은 세월이 흘러서
소녀는 더이상 소녀가 아니었습니다.
소년은 계속 소년인 채로,
소녀는 어른이 되었습니다.
어른이 된 소녀는 너무나 많은 것을 잃었습니다.
꿈도, 순수함도……
하지만 그때까지 잃지 않고 간직한 것이 있었습니다.

옛날에 소년이 남기고 간 사랑
그것만은 잃지 않았습니다.
오래전 그때 그 모습 그대로 어른이 된 소녀의 가슴속에
여전히 따뜻한 빛으로 간직되어 있었습니다.
어른이 된 소녀는 그 옛날 소년과의
약속을 지키기 위해 노력할 것입니다.

소녀가 이 세상을 다할 때까지
소년을 사랑하기 위해서 말입니다.

사랑이란?

One
사랑이란? 만화책 같은 것.
Why? 보고 또 보고 싶은 얼굴이 있으니까……

Two
사랑이란? 한여름의 소낙비 같은 것.
Why? 갑자기 나타나 내 마음을 적시고는
　　　언제 그랬냐는 듯 가버리니까……

Three
사랑이란? 새벽녘의 희뿌연 안개 같은 것.
Why? 그 앞에 뭐가 있는지, 무슨 일이 일어날지
　　　알 수가 없으니까……

Four
사랑이란? 모래시계와도 같은 것.
Why? 이미 흘러버린 시간은 돌이킬 수 없는
　　　사랑도 함께하기 때문에……

Five
사랑이란? 돈과 같은 것.
Why? 있으면 좋구, 없으면 허전하니까……

Six
사랑이란? 산불 같은 것.
Why? 바람이 불면 불수록
불길은 더욱더 거세지니까……

Seven
사랑이란? 주관식 문제 같은 것.
Why? 문제도 어렵고 답지가 너무 커서 메워도 메워도
메우지 못할 답을 써가니까……

Eight
사랑이란? 닭다리 같은 것.
Why? 혼자서는 살 수 없고,
둘이어야 완전한 것이 될 수 있으니까……(참고 : 닭다리
는 두 개!^^;)

Nine
사랑이란? 액자 같은 것.
Why? 사랑하는 사람을 그 속에 넣어
두고두고 보고 싶으니까……
영원히!!

Ten
사랑이란? 밤에 출발하는 열차 같은 것.
Why? 밤에 떠나는 여정은 설레고, 흥분되지만
　　　날이 밝으면 다시 돌아와야 하기 때문에……

Eleven
사랑이란? 즉석 복권 긁기와 같은 것.
Why? 기대감 속에서 조심조심 한 줄 한 줄 벗겨내지만
　　　1등에 당첨되는 확률은
　　　진정한 사랑을 찾아내는 것만큼 힘들기 때문에……

Twelve
사랑이란? 세상 모두를 가진 것 같은 느낌이다.
Why? 세상 모든 것이 그의 눈을 통해서만
　　　내게 전해지기 때문에……

이슬

내 육체의 썩어버린 영혼이여!
단 한 방울의 이슬이 되어라.
태초의 신비를 안은 이 깊은 땅속으로 스며들어
다시는 이 땅에 설 수 없는 그런 이슬이 되어라.

삶이란 사치스런 허무이니 그런 것일랑 쫓지 말고
맑고, 깨끗한 이슬이 되어라.
이 힘든 세상 다 잊고 사라지는 이슬이 되어라.

사랑……
그 슬픔을 이길 수 있는 자가
과연 얼마나 될 것인가……
그런 슬픔 알지 못하는 이슬이 되어라.
아무것도 모르는
이슬이 되어라.
이슬이……

친구

네가 내 곁에 있어줘서 기뻐!
내가 기쁠 때뿐만 아니라
슬플 때도 항상 함께여서 정말 기뻐!

내가 널 다른 이름이 아닌
'친구'라는 이름으로 부를 수
있게 된 걸 정말 감사드려!

언제나 너와 나
함께할 것을 알기에
네가 정말 나에겐 너무 소중해!

'나의 삶'이란 책 속에
네 이름이 아주 많이 나오게 된 건
내겐 정말 큰 기쁨이고, 행운이야!

난 그런 널
정말 놓치고 싶지 않아……

언제까지나 내 옆에
있어줄 거지?!
약속할 수 있지?!

그럼……
나두 한 가지 약속할게.

'너의 삶'이란 책 속에
내가 항상 자리할 수 있도록
노력할게……

너의
'소중한 친구'란 이름으로 말이야……

어머니

어 · 머 · 니!

제게는
부르기만 하여도 눈물이 나는 이름입니다.
어느 날인가 어머니!
당신의 손을 잡고
조용히 눈물 흘린 적이 있었습니다.
어느새 왔는지
눈가에는 주름들이 자리를 잡고,
거칠어진 손등과 손마디에는
당신이 살아오신 그 힘든 세월들이
화석처럼 남아 있었습니다.
제겐 언제나 강해 보이시는 당신께서
늘 힘들게 살아오셨다는 걸 압니다.
언제나 홀로 눈물을 지으셨다는 걸 압니다.
그 눈물 감추기 위해 힘들어하신 것도 압니다.

어버이날 남들 다 하는
카네이션, 아니 감사하다는 말 한마디
제대로 해보지 못했었습니다.
단지,
어머니란 이름 때문에

당신께서는 제 모든 투정도 다 들어주셨습니다.
정말 마음은 그렇지 않았는데……
이 못난 자식 때문에 살아오신 그 많은 시간들을
제가 어찌 다 갚으오리까.

어머니!
제게 주신 사랑과 희생
모두 다 감사드립니다.
지금은 감사하다는 말로밖에
제 마음을 표현할 길이 없습니다.
이젠 제 삶이 당신을 위한 삶이길 바랍니다.
어머니의 사랑에 비할 수야 없겠지만
이젠 당신을 위해 살아가고 싶습니다.

어머니!
사랑합니다.

그럼 이건 뭐야?

한 친구가 내게 그랬다.

"넌 아직 사랑을 잘 몰라
항상 동화 같은 사랑만 꿈꾸잖아.
아직 사랑을 하기엔 너무 어려."

정말?
그런가?
아직 너무 어린 건가?

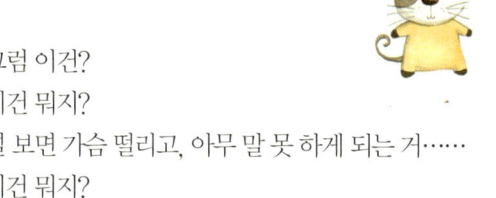

그럼 이건?
이건 뭐지?
널 보면 가슴 떨리고, 아무 말 못 하게 되는 거……
이건 뭐지?
널 생각하면 눈물이 나고, 가슴이 아파 오는 거……
이건 뭐지?
내 기억 속의 널 안고 싶고, 자꾸만 불러보고 싶은 거……
이건 뭐냐구……

난 이런 게 사랑인 줄 알았는데……
아닌가?

휴~
사랑이란 건
너무 어렵고 힘든 것 같다.

더 많이 울어야 할 것 같고……
더 많이 아파해야 할 것 같고……
더 많이 그리워해야 할 것 같아……

이 힘든 걸 남들은 다 잘하는데
난 왜 이리 힘든 거지?
휴~

친구로만 남아주길 바래

친구가 보내온 사랑……
그건 내게 너무 힘이 들었다.
우정이 아닌 사랑……
내가 감당하기엔 너무 무거웠다.
아무도 모른다.
내가 많이 힘들어했다는 걸……
나 역시 친구의 사랑에
많이 상처받았다는 걸……
많이 아파했다는 걸……

바보 같은 변명이라 여기겠지만……
널 사랑이란 이름으로 잃고 싶지 않았어.
나한텐 자신이 없었기에……
그래서……
내게 너란 존재가
친구란 이름으로 남아주길 바래……
내가 좀더 편하게 네 어깨에 기댈 수 있게……
가장 힘들 때 친구란 이름을 떠올리고……
그 친구가 바로 네가 될 수 있게……

친구로만 남아주길 바래……

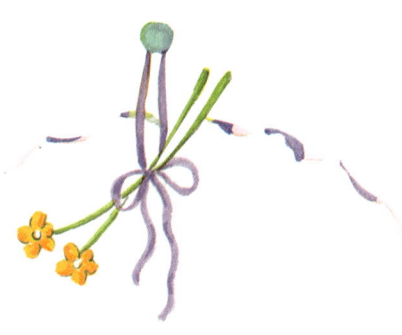

사랑을 하려면

사랑을 하려면……

누군갈 만나서
정이 들고 좋아하고 사랑하고 이해하고 감싸주고 참아주고
배려하고 아껴주고 생각하고 바라보고 마주하며 웃어주고
미소 지으며 그리워하고 걱정해주고 보살펴 주고
가끔은 다툼도 하고 서로를 위해 눈물도 흘려주고

뭐 이런 것들이 필요하다는데
정말 그래요?
혹시 사랑에 성공하신 분 계시면
조언 좀 해주세요……

전 너무 어렵거든요……

나 어릴 땐!

어릴 땐
몸이 아파야만 눈물이 나는 줄 알았습니다.
엄마한테 혼나야만 눈물이 나는 줄 알았습니다.
누군한테 맞아야만 눈물이 나는 줄 알았습니다.
나 어릴 땐 그런 줄 알았습니다.

지금은……
거울 속 내 모습만 봐도 눈물이 납니다.
창밖만 봐도 눈물이 납니다.
점점 주름이 늘어가는 엄마를 봐도 눈물이 납니다.
힘들어하는 아빠를 봐도 눈물이 납니다.
먼 곳에서 고생하는 동생을 봐도 눈물이 납니다.
버스를 타고 가다가도 그냥 눈물이 납니다.

지금은……
아프지 않아도 눈물이 난다는 걸 압니다.
하늘만 봐도 눈물이 난다는 걸 압니다.
내 미소 속에 숨어 있는 눈물을 압니다.
그 눈물을 나 어릴 땐 몰랐었는데……
그땐 몰랐었는데……

그땐 사랑을 몰랐으니까……

네 손을 잡고 싶어

널 잡기 위해 난 네가 있는 물속으로 뛰어들었다.
난 수영도 할 줄 모르는데
단지 네가 그곳에 빠져 있다는 것 때문에……
그 속에 뛰어들고 말았다.

그곳에서 허우적대는 널 도와주고 싶어……
그곳에서 힘들어하는 널 꺼내주고 싶어……
그곳에서 지쳐가는 널 잡아주고 싶어……
그곳에 있는 네 손을 잡고 싶어……
내가 널 잡아주고 싶어……

이젠 힘들어하지 마……
지쳐 있는 네 어깨 보이지 마……
내가 항상 널 잡아줄게……
니와 함께하고 싶어……
널……
널 사랑하니까……

행복하지 않아

늘 웃고 사는데
난 행복하지 않아

늘 사람들 속에서 즐거운데
난 행복하지 않아

늘 가족들이 날 사랑해주는데
난 행복하지 않아

늘 많은 친구들이 날 걱정해주고, 아껴주는데
난 행복하지 않아

내 생활 속에서 네가 잠시 자릴 비웠다고
그 이유 때문에 난 행복하지 않아

네가 비운 그 자리 언제 채울 수 있을지……
그 자릴 채운다면 나 행복해질 수 있을까?

그럴 수 있을까……?

컴퓨터

네가 컴퓨터라면 좋겠어
내가 명령만 하면 다 실행할 것 아니겠어……!?
키보드만 치면, 마우스만 누르면
내가 원하는 대로 할 테니까 말야.
뭐, 가끔 에러나 바이러스의 위험은 있지만
자주 오는 건 아니잖아.

근데 너 요즘 내 말을 안 듣는 거 보니까
바이러스에 감염이 된 것 같아.
음…… 빨리 백신 프로그램을 구해야줘~~

아~ 참! 진짜 좋은 프로그램이 있다.
쿠쿠^&^~

나……! *^^*

편지를 쓰고 싶다

가끔은 누군가에게 편지를 쓰고 싶다.

내 소중한 친구에게
소중한 우정이란 말과 함께
편지를 쓰고 싶다.
내 사랑하는 가족에게
사랑한다는 말과 함께
편지를 쓰고 싶다.
내 사랑인 그에게……
날 사랑하는 그에게……
보고 싶다는 말과 함께
편지를 쓰고 싶다.

가끔은
아무런 부담 없이 편지를 쓰고 싶다.
내 주위의 소중한 그 모두에게
내 마음을 전하고 싶다.
따뜻한 글을 보내고 싶다.

오늘은 그들에게 편지를 써야겠다.

내게는

내게는……
그리운 사람이 있다. 사랑하는 사람이 있다. 안고 싶은 사람이 있다. 보고 싶은 사람이 있다. 만나고 싶은 사람이 있다. 다가가고 싶은 사람이 있다. 함께하고 싶은 사람이 있다. 미워할 수 없는 사람이 있다. 자꾸만 생각나는 사람이 있다. 예뻐 보이고 싶은 사람이 있다. 온종일 기다려지는 사람이 있다. 날 미소 짓게 하는 사람이 있다. 나를 보여주고 싶은 사람이 있다. 내 행복을 주고 싶은 사람이 있다. 내겐 언제나 아름다운 그런 사람이 있다. 내가 사랑하는 사람이 있다. 날 사랑해주는 네가 있다.

노팅힐

영화를 봤는데…… 눈물을 흘렸어요……
로맨틱 코미디라는데…… 난 눈물을 흘렸어요……
정말 정말 웃겼는데…… 그만 난 눈물을 흘렸어요……
너무 예쁜 사랑 이야기였는데……
참다 참다 그만 난 눈물을 흘렸어요……
눈물 흘릴 장면은 하나두 없었는데……
참고 참고 또 참다 그만 난 눈물을 흘렸어요……
왜냐구요??
그건……
남자 주인공의 미소가
당신을 닮았다는 이유 때문에……
그만 영화 보다 눈물 흘렸어요……
이젠 그 사람 나오는 영화 보지 말까 봐~!
당신이 생각나니까……
그럼 내 맘이 너무 아프니까……

휴식 같은 친구

친구라는 이름 속에 묻어 오는 편안함 때문에
네게 너무 함부로 대한 건 아닌지……
그러지 말아야지…… 좀더 잘해줘야지……
하면서 그렇게 하지 못했어……
아무것도 아닌 내 자존심 때문에 말야.
네가 내게 보여주는 우정이란 이름 앞에
정말 초라해지는 것일 뿐인데……
이런 나 때문에 맘 아팠을 널 생각하니
내가 너무 미워지고, 너한테 너무 미안해!
내게 기쁜 일이 생기면 언제나 네 일인 양
더 많이 축하해주고, 같이 웃어주고
내게 슬픈 일이 생기면
더 많이 걱정해주고, 위로해주는 너에게
내가 너무 나빴던 것 같아.
정말 미안해. 나 용서해줄 수 있지!?
맘씨 착한 내 친구 이미 날 용서했으리라 믿어~
근데 너 그거 아니?!
넌 내게 휴식 같은 친구라는 거!!
내가 널 아주 많이 사랑하구 있다는 것!!
아!! 또 넌 울트라 나이스 캡숑 짱으로
좋은 친구란 것두~!!!!!

변해가는 내 모습

어느새 나뭇잎들이 나뭇가지 끝에서 흔들리고 있다.
얼마 전까지만 해도 앙상한 가지뿐이었는데……
이제 좀더 있으면 열매도 맺을 거야.
시간이 더 지나면 다시 앙상한 가지만 남아 있게 되겠지……

모두가 말없이 어느샌가 변해간다.
나도 모르는 사이에 모든 것이 점점 변해간다.
내가 어느샌가 어른이 되어버린 것처럼……
내가 어느샌가 어른의 눈으로 세상을 바라보게 된 것처럼……
내가 변해버린 것처럼 모두가 소리 없이 변해간다.
친구들도 조금씩 변해간다.
내가 그들을 대하는 모습도 변해가고 있다.
그들이 우정이 아닌 사랑을 만나면서
나 역시 우정이 아닌 사랑을 만나면서
우정이란 이름이, 모습이 조금씩 퇴색되어감을 느낀다.

이렇게 모두가 변해가는 속에서……
변해가는 나와 널 보면서 내 눈물이 슬퍼한다.
퇴색되어가는 우릴 보면서 내 맘도 슬퍼진다.
변해가는 이런 모습이 내겐 너무도 힘들게 다가온다.
내겐 너무 무겁게 다가온다……

Call Me Now!

네가 슬플 때 다른 이가 아닌 날 불러줘!
네가 아플 때 다른 이가 아닌 날 불러줘!
네가 기쁠 때 다른 이가 아닌 날 불러줘!
네가 행복할 때 다른 이가 아닌 날 불러줘!
네가 힘이 들 때 다른 이가 아닌 날 불러줘!
네가 눈물 흘릴 때 다른 이가 아닌 날 불러줘!
네가 지쳐 쓰러질 때 다른 이가 아닌 날 불러줘!
네가 외롭다고 느낄 때 다른 이가 아닌 날 불러줘!
네가 좋은 일이 있을 때 다른 이가 아닌 날 불러줘!
네가 누군가를 필요로 할 때 다른 이가 아닌 날 불러줘!
네가 의논할 상대가 필요할 때 다른 이가 아닌 날 불러줘!
네가 기대고 싶은 사람이 필요할 때 다른 이가 아닌 날 불러줘!
네가 감당하기 힘든 일에 부딪혔을 때 다른 이가 아닌 날 불러줘!
언제나 어려워 말고 날 불러줘
내가 항상 너의 옆에 있을게
다른 그 누가 아닌 내가……

City

늦은 밤……

어둠 속의 도시는 그 어둠을 거부한다.
수많은 네온 불빛으로
도시를 지배하려는
그 어둠에 대항한다.

자신의 화려함을 내뿜으며
도시를 덮고 있는 어둠을
비웃기라도 하듯 빛을 반짝인다.

그리고 그 속에 속해 있는 우린
잠시 착각한다.
지금은 어둠 속이 아니라고……
지금은 밤이 아니라고……

현실을 거부하려는 움직임 속에서
우린 모두 착각 속에 빠져든다.
잠시 현실을 망각이라도 한 듯……

하지만 현실 속의 어둠은
도시의 불빛보다

훨씬 강하고 위력적이다.
시간이 흐를수록 우린
어둠의 위력에 나약해지고 만다.

결국 그리될 줄 알았으면서도
우린 빛을 내뿜으려 했다.

내가 현실을 감당할 수 없는 것처럼
도시도 그러한 것을……